ROTHSCHILD

ER VENTE CHEZ LE MÊME LIBRAIRE

CONFESSIONS
DE MARION DELORME

PAR EUGÈNE DE MIRECOURT

60 livraisons à 25 centimes, avec gravures.

18 fr. l'ouvrage complet par la poste.

Paris. — Typ. de Gaittet et Cie, rue Gît-le-Cœur, 7.

LES CONTEMPORAINS

ROTHSCHILD

PAR

EUGÈNE DE MIRECOURT

PARIS

GUSTAVE HAVARD, ÉDITEUR

BOULEVARD DE SÉBASTOPOL

rive gauche

L'Auteur et l'Éditeur se réservent tous droits de reproduction

1858

ROTHSCHILD

C'était à la fin de septembre 1793.

Après avoir fait appel à tous les peuples pour les engager à briser le sceptre des tyrans, la Convention jetait sur la surface de l'Europe une armée de trois cent mille hommes, destinée à servir d'appui à ses doctrines révolutionnaires.

Grands ou petits, puissants ou faibles, ces pauvres despotes fuyaient, emportés sur les ailes de la peur.

Beaucoup d'entre eux, à l'approche des troupes républicaines, si braves et si mal chaussées, ne prenaient pas le temps de faire leurs malles et de sauver leurs trésors.

Toutefois, un principicule allemand, le landgrave de Hesse-Cassel, voyant flotter le drapeau de la révolution sur la limite de ses États, eut assez de courage et de sang-froid pour ne point imiter ceux qui s'enfuyaient la poche vide. Il emballa ses diamants avec deux ou trois millions de thalers et prit la route de Francfort, où il pensait pouvoir mettre en sûreté sa fortune.

Une fois arrivé dans la vieille cité impériale, il se hâta d'aller frapper à la porte d'un petit banquier juif, appelé Meyer Rothschild, plus riche d'enfants que d'écus, mais archéologue de mérite et numismate de premier ordre.

Le landgrave, ayant lui-même la passion des antiques, professait pour la science du juif une estime très-haute.

Depuis cinq ou six ans, Meyer était le fournisseur en titre du médaillier de Son Altesse Sérénissime. Il entretenait avec le prince une correspondance suivie, et ce dernier n'avait jamais eu à se plaindre ni d'une vente déloyale, ni d'une tromperie dans les fournitures numismatiques, expédiées à Hesse-Cassel par le fils d'Abraham.

— Meyer, dit le landgrave, en lui donnant sa cassette gonflée de florins, je sais combien tu es probe et consciencieux. Voici tout ce que je possède. Acceptes-en le dépôt; tu me le rendras en des temps meilleurs.

— Une telle confiance m'honore, Votre Altesse, répondit le juif. Mais oubliez-vous que l'armée républicaine sera peut-être dans nos murs avant huit jours?

— Tu crois, Meyer?

— Au train dont marchent ces enragés, chacun s'attend à les voir fondre sur nous, monseigneur. Vous comprenez? ce sera le pillage.

— Eh bien, Meyer, à la garde de Dieu! Je ne te demande point de reçu.

Le prince remonta dans sa chaise de poste, sans tenir compte des nouvelles représentations de l'israélite. Il lui laissa la cassette et partit.

Ce que Meyer Rothschild avait prévu se réalisa de point en point.

Francfort, avant la fin de la semaine, se rendit aux troupes françaises, et le banquier juif, signalé comme un mauvais patriote, en relation avec plus d'un tyran, vit piller son domicile et sa caisse au nom de la liberté des peuples.

Sa ruine fut complète.

Or, les juifs n'ont pas changé depuis Moïse. Toujours patients, toujours industrieux, ayant toujours foi au premier écu, et le premier écu leur tenant lieu de semence pour produire des millions, ils savent refaire leur fortune comme l'araignée refait sa toile.

Quand les vainqueurs eurent évacué Francfort, Meyer Rothschild rouvrit sa maison de banque, retrouva du crédit auprès de ses coreligionnaires d'abord, puis auprès de tout le monde, et cela parut fort simple.

Il devint même beaucoup plus riche qu'auparavant. On le regardait, en 1802, comme le banquier le plus solide de l'Allemagne.

A cette époque, il y eut pour les têtes couronnées un moment de répit.

Les princes de la Confédération du Rhin se trouvèrent, bon gré, mal gré, sous la haute tutelle de César. Devenu par la volonté du grand capitaine électeur de l'empire germanique, le landgrave eut la permission de rentrer dans ses États.

Chemin faisant, il repassa par Francfort.

Jadis les gazettes lui avaient appris le pillage de la maison de Meyer. Le fait de la ruine du juif, lors de l'invasion républicaine, n'avait été que trop authentique, et le prince croyait depuis longtemps sa cassette au pouvoir des Jacobins. Néanmoins il rendit visite au vieux numismate, afin de l'assurer qu'il n'avait rien perdu de son estime et de sa confiance.

— Bonjour, Meyer, bonjour! dit l'électeur, lui tendant les mains avec cette cordialité franche, inséparable des natures allemandes. Enfin nous avons la paix, mon vieil ami. Peste! elle nous coûte cher. Tu vois un malheureux prince aussi pauvre que Job.

— Vous, pauvre, monseigneur!

— Eh! sans doute, puisque ces maudits sans-culottes ont volé mes écus avec les tiens. Je te prierais, si cela ne te gêne pas trop, de me faire une petite avance sur l'indemnité qui m'attend à Cassel.

— Il est inutile de recourir à l'emprunt, monseigneur. J'ai là parfaitement intact le dépôt que m'a confié Votre Altesse.

— Hein? s'écria le prince. Tu n'as donc pas été victime du pillage?

— Pardonnez-moi; les Français m'ont tout pris, et je n'ai eu garde de les irriter par ma résistance : ils eussent fait des perquisitions plus scrupuleuses dans mes caves, où j'avais caché vos diamants et votre or.

— Comment? il se pourrait...

— Oui. Ma résignation était une ruse. Ils n'ont pas trouvé la cachette.

— Est-ce possible? murmura le prince anéanti de surprise.

— Depuis neuf ans, monseigneur, pour me dédommager de la perte de mes propres deniers, je me suis permis de faire valoir les vôtres. Toutes mes opérations de banque ont été heureuses, et je puis, sans me gêner, vous rendre la somme entière avec les intérêts à cinq pour cent.

Le prince était ému jusqu'aux larmes.

— Ami Meyer, dit-il, tu es le plus honnête juif que je connaisse. Garde mon argent, continue à le faire valoir; perds-le même, si bon te semble. D'ici à vingt années, je n'en veux point de reçu, et je m'engage à ne toucher l'intérêt qu'à deux pour cent.

Voilà comme la maison Rothschild est devenue archimillionnaire.

Impossible de voir une fortune dont l'origine soit plus honorable. Mais un fleuve, clair à sa source et dégagé de fange, ne roule pas toujours vers son embouchure des flots aussi limpides.

Le vieux Meyer mourut en 1812.

Avant de rendre le dernier soupir, il appela ses cinq fils, Anselme, Salomon, Nathan, Charles et James, auprès de son lit de mort. Ils reçurent sa bénédiction suprême, et jurèrent de rester fidèles à la loi de Moïse, de ne jamais se désunir sous aucun prétexte, et de ne rien entreprendre sans avoir demandé préalablement le conseil de leur mère.

— Si vous observez ces trois points, dit le moribond, vous serez bientôt riches entre les plus riches, et le monde vous appartiendra !

Notre vieil israélite a été prophète.

Une pentarchie financière s'organisa sur sa tombe et trôna bientôt dans cinq capitales de l'Europe, à Francfort, à Vienne, à Naples, à Londres et à Paris.

Le dépôt du landgrave de Hesse-Cassel continua de prospérer de plus en plus dans le coffre des héritiers de Meyer Rothschild.

En 1814, aux conférences de Vienne, l'électeur raconta aux souverains l'anecdote du pillage et le trait de probité du vieux juif. Aussitôt la maison de Francfort eut la clientèle de la Sainte-Alliance. Elle fut chargée de tous les emprunts contractés, à cette époque, par les empereurs de Russie et d'Autriche, et par les rois de Prusse, d'Angleterre, de Danemark, de Naples et de Sardaigne. Dans cette vaste opération de finances, les cinq Rothschild eurent chacun leur part.

James, le plus jeune de la famille, et le héros de cette notice, obtint pour son lot l'emprunt de deux cents millions, dont la France avait besoin pour payer ses amis les ennemis.

Disposant d'énormes capitaux, les cinq frères établirent dans tous les coins de l'Europe des bureaux de correspondance très-actifs.

On les informait des moindres fluctuations des fonds publics sur les différentes places commerciales. Ils n'opéraient, pour ainsi dire, qu'à coup sûr, et leurs transactions restaient enveloppées du secret le plus impénétrable, garantie de réussite certaine en matière de spéculation et de jeu de Bourse.

Aussi l'or affluait dans leur caisse comme une marée toujours grossissante.

Rien n'arrêtait ces juifs obscurs, devenus les créanciers des rois et des peuples. Ils travaillaient avec acharnement à l'édifice de leur fantastique opulence. Leur nom, comme autrefois celui de Plutus chez les Grecs, se changeait en symbole, pour signifier matérialisme heureux, richesse inouïe, déification de l'escarcelle et du sac d'écus.

D'un bout du continent à l'autre les rois les comblaient d'honneurs.

Ils furent élevés à la dignité de barons, eux et leur postérité des deux sexes, par lettres patentes de la cour de Vienne. Le roi de Prusse, le grand duc de Hesse-Darmstadt les reçurent au nombre de leurs conseillers auliques. Tous les ordres, tous les rubans, toutes les croix s'attachèrent à l'habit de ces enfants d'Israël, et le fier autocrate du Nord lui-même les combla de décorations et d'égards.

Trois des fils du vieux Meyer semblent avoir hérité surtout de son génie en matière de finances. Ce sont Nathan, Salomon et James.

Nathan mérite une mention spéciale.

Établi, dès l'année 1798, à Manchester[1], avec cinq cent mille francs, que

[1] Il était à peine majeur.

lui avait prêtés la caisse paternelle, il tripla cette somme en moins de quatre ans et transporta sa maison de banque à Londres, où le cercle de ses affaires ne tarda pas à s'étendre dans une proportion gigantesque, grâce à une rare habileté, et grâce aussi, disons-le, à une absence complète de scrupule sur le choix des moyens [1].

Agent du gouvernement anglais, et chargé de lui servir d'intermédiaire auprès des puissances continentales, alors

[1] Si l'on trouve ce jugement sévère, nous demanderons la permission de citer une anecdote enjouée que rapporte un de ses biographes anglais. — « Ayant, un jour, acheté avec escompte des mandats du duc de Wellington, au payement desquels l'honneur anglais était engagé, Nathan s'empressa, comme seconde opération, d'accaparer tout l'or nécessaire au gouvernement pour les acquitter ; puis il lui revendit ce

en lutte avec la France, Nathan seul ne s'effraya point du chiffre énorme de la dette publique.

Il continua son crédit au cabinet de Saint-James.

Se trouvant à Bruxelles, en 1814, le jour de la bataille de Waterloo, il repartit au plus vite pour Londres, y arriva vingt-quatre heures avant que la nouvelle fût connue officiellement, acheta tout ce qu'il put trouver de rente à la Bourse, et réalisa, sans trouble et sans

numéraire, moyennant une prime considérable. Mais ce ne fut pas tout. Il se chargea, pour le compte de l'État, de faire passer cet or en Portugal. — Excellente affaire! disait-il dans ses moments de joyeuse expansion, qui m'a rapporté quatre bénéfices pour un, et quels bénéfices! » (Sir John Francis, — *Histoire de la Bourse de Londres*, traduite par M. Lefebvre-Duruflé.)

remords, un coup de filet de trente millions.

L'invasion de 1815 quadrupla sa fortune.

Nathan ne dédaignait pas les petites affaires. Il savait les mener de front avec les plus vastes entreprises de banque.

Souvent on l'entendait s'écrier dans son affreux baragouin de juif allemand, dont il n'a jamais pu se débarrasser, non plus que son frère James, et que nous serons obligé de reproduire de temps à autre, sinon dans l'intérêt du style, du moins dans celui de la couleur:

— Pah! guelguefois à técheûner, guand on a pon abbétit, une vriture te gouchons faut pien une druite tû lac te Chenèfe!

Ce financier célèbre mourut en 1836.

Au physique, le baron Nathan de Rothschild était un homme d'un aspect désagréable et dur. Sa tenue offrait une extrême négligence. Grossier de manières et de langage, il avait hanté vainement les hautes sphères politiques; le contact des plus nobles héros de l'aristocratie anglaise n'avait pu le dépouiller de son caractère de rustre mal appris.

Il prêtait le flanc de tous côtés aux attaques du pamphlet et de la caricature.

« La presse, dit sir John Francis, toujours si disposée à enregistrer complaisamment les actes de bienfaisance des riches, est presque toujours restée muette sur la charité de Nathan de Rothschild.[1] »

En fait de trait spirituel, on ne rapporte de lui qu'une saillie cynique, à propos de son anoblissement. Il se trouva dans le monde face à face avec le duc de Montmorency, quelque temps après la publication des lettres patentes, expédiées par la chancellerie de Vienne.

— Ah! ah! monsieur le duc, s'écriat-il, me voilà donc votre pair! Vous êtes

---

[1] (*Histoire de la Bourse de Londres.*) L'auteur anglais ajoute que l'ex-banquier de Manchester recevait à sa table des princes du sang, des pairs et des ministres. « Le clergé, dit il, et l'aristocratie pliaient le genou devant lui; l'envoyé démocrate des États-Unis d'Amérique et l'ambassadeur du czar se trouvaient fort honorés de son amitié. Tous se prosternaient devant Mammon. »

le premier baron chrétien ; moi, je suis le premier baron juif.

O rois de l'Europe, ne rougissez-vous pas d'avoir autorisé ce prêtre burlesque du veau d'or à souffleter ainsi le plus illustre de nos blasons?

C'est à Nathan de Rothschild, en premier lieu, qu'on attribua jadis le projet de faire cesser les destinées errantes de sa nation maudite, et de la réunir aux bords du Jourdain sur cette même terre promise, dont elle est dépossédée depuis dix-huit cents ans. Le riche banquier voulait, disait-on, racheter Jérusalem aux Turcs, et y rétablir ses coreligionnaires dispersés sur la surface du globe.

Évidemment, les Juifs, par reconnaissance, n'eussent pas manqué de le nommer roi de Palestine.

Or la nouvelle était une invention des *Cokneys* de Londres, et les badauds de Paris, qui ne leur cèdent en rien, attribuèrent tout naturellement à leur Rothschild à eux, au baron James, ce singulier projet de réorganisation de l'ancien royaume d'Hérode.

Après l'expédition de Grèce, on put entendre le libéralisme parisien chanter en chœur une spirituelle complainte, dont nous avons retenu le couplet qui va suivre :

> Un juif faisait monter l'enchère,
> Disant : Aux bords de l'Ilissus,
> Je signerai dans peu, j'espère :
> « Nous, par la grâce de Plutus,
> Rothschild premier, roi des tribus. »

Et si, plus tard, quelqu'un me donne
Pour l'obtenir un joli gain,
Je lui revendrai ma couronne...
Vive, vive le droit divin !

Marié à la sœur d'Isaac Cohen, qui lui apporta douze ou quinze millions en dot, Nathan eut quatre fils, dont l'aîné, M. Lionel de Rothschild, lui succède dans la direction de la maison de banque.

Lionel se fait élire chaque année, par les négociants de la Cité de Londres, très-humbles sujets de sa caisse; puis l'heure venue de prêter le serment formulé dans la constitution de la Grande-Bretagne, et qui commence par ces mots : « Je jure sur l'Évangile, » notre juif héroïque s'obstine, de par Moïse, à ne pas desserrer les lèvres.

On annule son élection.

Mais l'année suivante, l'intrépide observateur du Talmud se fait donner les mêmes votes et renouvelle la même comédie parlementaire.

En vérité, le christianisme est fort humilié de la chose!

Revenons au baron James, le personnage de la maison Rothschild qui intéresse plus particulièrement le lecteur français.

Parti de Vienne pour venir s'établir à Paris, au moment où le sceptre s'échappait des mains de Napoléon, James applaudit de toutes ses forces à la chute d'un pouvoir détesté de sa famille, et que celle ci n'avait jamais cessé de combattre avec les armes les plus terribles de toutes, dans ce siècle d'égoïsme et de matière, l'argent et le crédit.

Comme nous l'avons annoncé plus haut, il fut le principal adjudicataire des emprunts contractés par la Restauration.

James Rothschild et son frère de Londres furent chargés de recevoir, pour le compte de la Sainte-Alliance, le milliard de frais de guerre et les deux milliards d'indemnité que les vainqueurs imposaient à notre malheureux pays.

Le fleuve d'or passa dans leur coffre et le féconda de son limon.

Jamais il ne fut possible d'évaluer le bénéfice énorme de Rotschschild dans cette immense curée financière.

En récompense des services rendus à la dynastie légitime, M. le baron ne demanda qu'une très-modeste faveur : il pria le ministre Villèle d'obtenir du roi que la baronne son épouse fût reçue à la cour [1].

Véritable grande dame, et remplie de distinction dans ses manières, ma-

---

[1] Il s'est marié à sa propre nièce, la fille de son frère Salomon, qui vient de mourir, il y a quelques semaines. Ce genre d'hymen est autorisé par la loi de Moïse. Salomon de Rothschild avait autant de modestie que James a de vanité. Il habitait rarement sa magnifique maison de Vienne, et demeurait presque toujours à Paris, rue Laffitte, tout à côté de son frère, dans l'ancien hôtel d'Hortense de Beauharnais. Jamais il n'a voulu y laisser peindre ses armoiries, disant que son chiffre serait déplacé auprès de celui d'une reine. M. le baron James n'a pas de ces scrupules. Chez lui, son écusson (cinq flèches d'or, sur champ de gueules, par allusion aux cinq maisons Rothschild) brille partout, même dans les cuisines.

dame de Rothschild eût fait florès aux Tuileries. Par malheur, on crut devoir demander conseil à la duchesse d'Angoulême, qui s'écria d'un air scandalisé :

— Vous n'y songez pas!... le tabouret à une juive! Oubliez-vous que le roi de France est le roi très-chrétien?

M. le baron et Mme la baronne durent renoncer à leur orgueilleux espoir.

L'argent, comme les femmes, a toujours une vengeance toute prête, et le château ne tarda pas à se repentir d'avoir excité la rancune du puissant financier. Dès ce jour, il refusa son assistance métallique à des rois assez fous pour ne pas encenser Baal.

De 1824 à 1830, notre héros s'efface complètement.

Les journaux ne prononcent son nom qu'à de rares intervalles, au sujet de quelques modiques aumônes, envoyées aux pauvres de Paris. Nous trouvons, en feuilletant les gazettes de l'époque, un rapprochement singulier, qui certes n'est point un effet du hasard. Ecoutez, c'est le *Constitutionnel* qui parle :

« M. le baron de Cornélius, l'éminent artiste, vient d'envoyer cinq mille florins (onze mille francs) aux pauvres de la ville. » (*Journal de Francfort.*)

Puis, immédiatement au dessous :

« M. le baron James de Rothschild, le célèbre banquier, vient d'envoyer cinq cents francs aux pauvres inscrits au bureau de charité. » (*Moniteur.*)

Reproduisant, le lendemain, ces deux faits divers, le *Figaro* les accompagne de cette note piquante :

« Véritablement la presse est d'une partialité qui nous révolte. Pourquoi mentionner les actions généreuses des uns et passer celles des autres sous silence? Un de nos rédacteurs, toutes proportions de fortune gardées, s'est montré hier infiniment plus charitable que M. de Rothschild : il a donné *deux sous* à un aveugle du pont des Arts. »

Tous les écrivains qui ont étudié le caractère de ces juifs cousus d'or, y ont reconnu de fort beaux vestiges de la lésinerie qui distinguait leurs coreligionnaires du moyen-âge.

Ici nous pouvons nous appuyer d'un article d'Alexandre Weil, journaliste original dont les révélations portent le cachet de la véracité et de la franchise.

« Tous les Rothschild, dit-il dans un feuilleton du *Corsaire*, ont énormément d'ordre. Nul ne fait exception. Madame de Rothschild la mère, morte plus que centenaire, en 1849, et que j'ai connue personnellement, était la vieille femme la plus économe de la rue des Juifs, à Francfort. Les Rothschild dépenseront des millions pour des hôtels et des terres, afin que le bon Dieu des chrétiens ne puisse plus les ruiner ; mais tous ensemble n'ont jamais dépensé cinq cents francs, ni pour une idée, ni pour les beaux-arts, ni pour les œuvres littéraires, à moins qu'on n'appelle protéger les beaux-arts acheter cinquante mille francs un tableau qui en vaut soixante mille. »

Le baron James, à l'occasion de sa ladrerie, s'est vu continuellement en butte aux traits de la malignité publique. On renouvela tout exprès pour lui le bon mot du président Rose. Voici en quelle circonstance.

Il se trouvait dans un salon de la Chaussée-d'Antin.

Sollicité par une jolie quêteuse, il donna son offrande; mais le hasard voulut que la dame détournât la tête au moment même et ne s'en aperçût point.

Revenant donc à la charge, quelques secondes après, et s'armant de son plus doux sourire, elle lui dit :

— Pour les pauvres, s'il vous plaît, monsieur le baron?

— Mais ch'ai téchà tonné ! fit Rothschild sur un ton d'humeur.

— Oh! pardon! murmura la quêteuse. Je le crois; mais je ne l'avais pas vu.

— Et moi, dit la spirituelle princesse de C***, qui intervint dans le dialogue, je l'ai vu, mais je ne le crois pas!

Un autre jour, on racontait avec le plus grand sérieux, en présence de M. Scribe, que le baron James avait perdu, la veille, dix louis au jeu, sans souffler mot.

— Rien de surprenant à cela, dit le vaudevilliste, les grandes douleurs sont muettes!

On racontait à chaque instant de nouvelles et plus curieuses histoires, tout-à-fait propre à vilipender notre enfant de Plutus et à le perdre dans l'opinion.

Celle du jardinier Pâquet ne doit pas être omise.

Par des procédés alors peu connus, mais qui ne surprendraient personne, aujourd'hui que la science des perfectionnements nous amène à corriger Dieu et à greffer la providence, Pâquet venait d'obtenir trois pêches magnifiques au mois de janvier. Chacun visitait ses serres-chaudes pour admirer ce prodige d'horticulture. Rothschild y alla comme les autres.

— Fraiment, monsieur le chartinier, dit-il, vos bêches sont atmiraples. Gompien en foulez-fous ?

— Quinze cents francs, monsieur le baron.

— Bar exemble!...

— C'est tout au juste, dit Pâquet. Je ne voudrais pas vous surfaire.

— Drois bêches, guinze cents vrancs!... *Mein gott!...* Et drois bêches gui beut-être ne falent rien !

— Oh! pour cela, je vous arrête, dit l'horticulteur piqué. Vous allez avoir immédiatement la preuve du contraire.

Il cueille aussitôt l'un des fruits, le partage en deux avec une jolie serpette à lame d'argent, en offre la moitié à Rothschild et mange lui-même l'autre moitié.

— Qu'en dites-vous, monsieur le baron? Vous êtes connaisseur, je m'en rapporte à la finesse de votre palais.

— Drès ponne ! Télicieuse ! fit Rothschild, croquant la pêche.

— Oui, c'est de la meilleure espèce. Chair ferme, saveur exquise ! En plein air, cette espèce-là ne mûrit qu'au commencement de septembre.

— Foyons, monsieur le chartinier, ce n'est bas fotre ternier brix ?

— Pardonnez-moi. Quinze cents francs, comme j'ai eu l'honneur de vous le dire.

— Eh ! s'écria le juif, blaisantez-fous ? Il y a une bêche te moins !

— N'importe, c'est toujours quinze cents francs... pour vous, monsieur le baron. Ce sont là des fruits de millionnaire ; je ne rabattrai pas un centime.

Rothschid comprit enfin la leçon.

Il fit cueillir les deux pêches, et s'exécuta.

Tout à l'heure nous aurons à raconter du même homme des actes merveilleux de libéralité.

Le psycologue, trouvant de semblables contradictions dans l'étude d'un caractère, s'émerveille et tombe du plus haut des nues.

Il y a chez Rothschild deux natures bien distinctes : d'une part, le juif rapace et traditionnel, matérialisé par deux mille ans de rancune sociale, de servitude et d'opprobre ; d'autre part, l'homme de finances intelligent, qui sait à propos accomplir un sacrifice et perdre un million, si le sacrifice lui amène des affaires nombreuses et lucratives, ou si la perte le sauve d'une situation critique.

Les événements de 1830 nous montrent M. de Rostchild tendant aux vainqueurs sa main pleine d'or, et la monarchie des barricades n'eut pas de plus ferme soutien.

Repoussée par l'ancienne cour, madame la baronne était parfaitement accueillie par la nouvelle.

On dînait au Palais-Royal plusieurs fois la semaine, et les fils du roi ne manquaient aucune des soirées de la rue Laffitte. Ce n'était plus Israël qui frappait à la porte de la royauté; c'était la royauté qui, la première, donnait l'accolade et se faisait juive.

Aussi fallait-il voir comme on se rengorgeait.

M. le baron continuait à la Chaussée-d'Antin les traditions du noble faubourg et représentait l'aristocratie déchue, comme une caricature de Nadar représente, à l'Exposition, le plus magnifique des tableaux d'Ingres ou d'Horace Vernet.

Quant à la baronne sa femme, elle remplaçait à Dieppe Son Altesse Royale, madame la duchesse de Berry.

L'ingrate cité d'Ango perdait la mémoire de sa bienfaitrice et recevait dans ses murs la noblesse de finances, avec plus d'orgueil qu'elle n'en montrait autrefois en accueillant la vieille noblesse historique. Elle regardait avec admiration l'épouse du juif, qui, tous les jours, à l'établissement des bains, se faisait apporter à déjeuner par dix grands laquais galonnés d'or.

En aucun temps, à Dieppe, le luxe royal n'avait étalé de pareilles splendeurs.

Mais, en revanche, la bonne duchesse dotait régulièrement, pendant son séjour, cinq ou six couples amoureux et pauvres. Les cœurs reconnaissants gardent ce souvenir, et l'on ne cite aucune jeune fille qui ait épousé son amant aux frais de madame la baronne.

Sous le règne de Louis-Philippe, l'influence de M. de Rothschild grandissait donc de jour en jour.

C'était le règne de l'agio ; l'histoire, à coup sûr, lui conservera ce nom, comme une flétrissure méritée. Sur cette noble terre de France, nous avons vu, pendant dix-huit ans, un juif millionnaire jouir de plus de considération qu'un Montmorency.

Foin de l'épée et foin de l'honneur ! Le coupon de rente était roi.

Nous avons même vu, *proh pudor !* la littérature et les arts se prosterner devant l'autel de Mammon. Des écrivains de talent, des artistes distingués briguaient la gloire d'être admis à l'hôtel de la rue Laffitte, et s'en voyaient très-souvent exclus.

Car le baron James, par excès d'outrecuidance plutôt que par délicatesse, se montre difficile sur le choix de ses convives.

Il ne fut jamais aimable qu'avec un seul homme de lettres, Henri Heine, qu'il accueillait *famillionnairement*, pour nous servir de l'expression employée par le spirituel humoriste. Celui-ci s'amusa plus d'une fois aux dépens de son hôte et le rendit victime de saillies mordantes.

A la fin d'un banquet somptueux où l'on avait débouché plusieurs bouteilles de Lacryma-Christi, le baron dit au poëte :

— Voilà, sur ma parole, un nom bizarre. D'où vient-il ?

—Oh! l'étymologie en est fort simple, répondit Henri Heine. *Lacryma-Christi*... Traduisez!... Le Christ verse des larmes, quand les juifs boivent d'aussi bon vin.

— Farceur! satané farceur! disait Rothschild éclatant de rire.

D'ordinaire ils conversaient dans le dialecte juif-allemand, parce que le calembour y est aussi facile que dans la langue française, et que monsieur le baron le comprenait mieux.

Henri Heine, sous aucun prétexte, ne permettait à Rothschild de prendre avec lui les allures de nabab effronté, qu'il lui voyait adopter avec d'autres. Si parfois il leur arrivait d'être en querelle, l'homme de lettres menaçait aussitôt l'homme de finances de publier leurs dialogues dans la *Revue des Deux-Mondes*. Le baron pâlissait d'épouvante et faisait les plus humbles démarches du côté de la réconciliation.

Léon Halévy, frère de l'auteur de la *Juive*, cherchait depuis longtemps à être présenté chez son opulent coreligionnaire.

— Bah! lui dit Henri Heine, vous ne désirez tant le connaître que parce que vous ne le connaissez pas!

Il est de fait que le banquier juif professe un dédain superbe pour les lois de l'urbanité. Son frère de Londres lui a servi de modèle au point de vue de l'impolitesse et de la réplique grossière.

Un député conservateur aperçoit Rothschild au foyer de l'Opéra.

— Bonsoir, monsieur le baron, lui dit-il; comment vous portez-vous?

— Pas mal.

— Et madame la baronne?

— Qu'est-ce que ça vous fait! répond brutalement le juif en tournant le dos.

On n'ignore pas que l'Autriche a choisi ce galant homme, depuis 1822, pour être à Paris son consul-général. Recevant, un jour, le comte d'Appony, ambassadeur de Vienne, il eut l'insolence de le laisser debout.

Une autre fois, ayant à sa table le prince Paul de Wurtemberg, qui lui faisait l'honneur d'accepter un dîner rue

Laffitte, il s'avise de prendre tout-à-coup avec ce haut personnage un ton complet de familiarité.

— Paul, dit-il, vous offrirai-je de ce chaud-froid?

Le prince lève la tête, regarde notre fils de Moïse et ne répond pas.

Sans se déconcerter, Rothschild recommence la phrase :

— Paul, vous offrirai-je....

— Holà! maroufle, cria le prince, en se tournant vers son chasseur debout derrière lui, n'entends-tu pas que monsieur le baron te parle?

Se levant aussitôt, il quitta la table.

Quand notre financier reçoit des camouflets de ce genre, attirés par sa sottise, il reste penaud un instant; mais l'aplomb ne tarde pas à prendre le dessus, et il s'écrie, en se frottant les mains :

— Pah! pah! ch'ai te l'archent, ils refiendront!

Dans ses jours de gaîté, l'israélite vise parfois au bon mot, et l'on devine aisément qu'il n'atteint jamais le but.

Tous les Parisiens connaissent son hôtel de la rue Laffitte. Si l'art n'a rien à réclamer dans ce chef-d'œuvre de magnificence, en revanche on n'y voit que du marbre, de l'or surtout, encore de l'or, toujours de l'or.

Il lui a coûté plus de trois millions.

Eh bien, l'un des traits favoris de

M. de Rothschild, quand il accueille pour la première fois une personne dans cet hôtel, particulièrement si cette personne est une femme, consiste à lui dire, en prenant un air humble :

— Gomment, matame, fous afez pien foulu fenir tans mon genil[1] ?

— Mais, baron, lui dit un soir Henri Heine, las de le voir éterniser ce prétendu bon mot, vous ne connaissez pas la valeur des expressions dans la langue française. Interrogez le vocabulaire; il vous répondra qu'on n'appelle jamais *chenil* le lieu où il n'y a qu'un chien. Vous offensez toutes les personnes qui hantent votre hôtel, et Brid'Oison, s'il

[1] Chenil.

était là, ne manquerait pas de s'écrier :
« — On on... peut se dire... de ces cho...
oses là à... à soi-même ; mais aux au...
tres, ça n'est p... as... pas po... oli. »

Arrêtons un peu les anecdotes et laissons de côté l'étude de caractère, pour revenir à l'existence officielle du prince de la banque.

L'histoire secrète de la première moitié du règne de Louis-Philippe est un livre à écrire, et l'homme qui connaîtrait bien la vie et les actes de M. de Rothschild pourrait l'écrire mieux que personne. Ainsi, vers 1839, par exemple, à l'époque de la coalition, le financier faisait la pluie et le beau temps. Les Tuileries entretenaient avec la rue Laffitte les relations les plus tendres. M. le duc de Montpensier invitait Mlle Charlotte de Rothschild à d'interminables contredanses et lui trouvait mille attraits vainqueurs ,

Quand M. Bertin aîné mourut, on offrit le *Journal des Débats* et son élastique rédaction au roi de la finance, qui ne daigna même pas verser la somme nécessaire au cautionnement[1] pour avoir une feuille périodique à ses ordres.

Sûr de sa force, il dédaignait de semblables appuis, disant très-haut à qui voulait l'entendre, que, si jamais il avait besoin des journalistes, il les aurait tous, le même jour et à la même heure, en les payant.

---

[1] Son refus a été l'origine de la fortune diplomatique de M. le marquis de Lavalette.

Moins orgueilleux, toutefois, lorsqu'il dut organiser l'emprunt de 1845, il daigna convier au riche banquet de la prime une infinité de personnes, dont il espérait les services ou dont il redoutait les attaques.

Il envoya nous ne savons plus combien d'actions à madame de Girardin [1], notre pauvre *dixième Muse*, morte si tôt pour les lettres et pour la gloire !

Balzac en obtint lui-même un nombre considérable, attendu que le banquier Nucingen ressemblait trait pour trait à Rothschild [2]. Il les vendit à la

---

[1] C'était une manœuvre adroite qui empêcha le mari d'être agressif dans *la Presse*.

[2] On espérait le décider à modifier dans une seconde édition cette spirituelle et sanglante critique. Il n'en fut rien.

Bourse, réalisa quatre mille écus, et voyagea six mois en Bavière aux frais de M. le baron.

Cette pluie d'or alla tomber jusque dans le cabinet de travail du petit Rémusat.

Trouvant sous sa main dix billets de banque inespérés, cet éminent diplomate en profita pour imprimer ses deux volumes d'études sur Abeilard. Les railleurs ne virent là qu'un prétexte à épigrammes. On déclara que le sujet rentrait absolument dans la compétence de l'écrivain. Une pluie de sarcasmes succédait à la pluie d'or.

Quant à Rothschild, ses bénéfices furent énormes.

Dans ce cas, comme dans une infinité

d'autres, la générosité ne jouait un rôle que pour aider plus puissamment ensuite M. le baron à remplir ses coffres.

Il obtint bientôt la concession du chemin du Nord, et le démon de l'agiotage, évoqué par lui, s'empara de la nation tout entière.

Ceux qui ont visité la Bourse, en ces jours de fièvre, purent avoir, au bout de cent trente ans, une idée fort nette des gentilles manœuvres de banque de la rue Quincampoix. Une multitude de joueurs s'arrachèrent de nouveaux coupons du Mississipi, et les mânes de Law tressaillirent sous la tombe.

On prodigua, cette fois, les actions au pair. Le journalisme eut large part, et l'on établit le tarif suivant :

Cinq actions pour un fait-divers;

Vingt pour un entre-filet;

Cinquante pour un premier-Paris.

Notre aimable docteur Véron se taxa lui-même et somma Nucingen-Rothschild de lui en expédier cent soixante. On réduisit le chiffre à cent vingt.

Quelle imprudence!

Mimi tonna du plus haut du *Constitutionnel*, et la rue Laffitte se hâta de lui octroyer quarante autres actions pour mettre un terme aux hostilités.

Bref, ce bon M. Sax [1] lui-même, en sa qualité d'homme faisant beaucoup de bruit, en trouva deux sous sa serviette,

---

[1] Fabricant d'instruments de cuivre.

un matin qu'il déjeunait à l'hôtel du banquier.

Comme général en chef de cette campagne financière, Rothschild prit la part du lion dans les dépouilles opimes. On assure que a haute banque se partagea près d'un demi-milliard, sorti de la poche des petits joueurs, qui furent presque tous ruinés.

Et nous avons vu sous nos yeux, en plein dix-neuvième siècle, s'accomplir ces opérations scandaleuses! et les lois s'arrêtent, impuissantes, quand le despotisme du million jette ses sacs d'or sur un des plateaux de la balance, pour enlever à coup sûr l'autre plateau!

Le gros joueur voit les cartes de son

adversaire, se donne les atouts, et gagne infailliblement la partie.

Des milliers de grenouilles imprudentes se lancent dans le marais impur de la spéculation. Le cormoran les croque, pas une n'échappe.

Bon appétit, monsieur de Rothschild !

Vous êtes dans votre droit le plus absolu. Nous n'avons pas un mot à dire.

Ouvrez le Code, et montrez un seul article qui empêche cet insolent million de triompher quand bon lui semble, et de rendre toutes les chances heureuses ses esclaves.

Que de ruines se sont accomplies et s'accompliront encore !

La foule aveugle tombe dans le piége ;

aucune des leçons du passé ne profite au présent.

Spéculez, messieurs, spéculez!

Ne songez plus à la fortune honnête, qui s'amasse lentement sur le grand chemin de la probité et de l'honneur. L'industrie, le commerce, l'agriculture, fi donc!

Allez courtiser la prime sur les pentes escarpées de la baisse ou sur les sommets étourdissants de la hausse. Lancez-vous dans le marais, folles grenouilles! tôt ou tard le cormoran vous croquera.

L'inauguration du chemin du Nord eut lieu avec une pompe extraordinaire. Monseigneur l'archevêque de Cambrai bénit du même coup la voie nouvelle et son administrateur israélite. On entendit pour la première fois le financier prononcer en public une harangue, dont le laconisme émerveilla Grassot.

— J'avoue, disait alors ce coryphée du calembour, que M. de Rothschild est un triste sire ; mais convenez du moins que c'est un *sire concis.*

Au retour de la fête, monsieur le baron fut invité à dîner à Neuilly, et Louis-Philippe lui adressa sérieusement ce speech burlesque :

— « Salut au vainqueur d'Amiens, d'Arras, de Douai et de Lille ! salut à celui qui vient renouveler par la paix la conquête de Flandre, accomplie par les guerres de Louis XIV... »

O Bilboquet, pends-toi! ces nobles paroles ne sont point sorties de tes lèvres.

Cependant l'année 1846, pauvre en récoltes, menaçait 1847 d'une disette générale.

Prévoyant les souffrances qui allaient accabler le peuple, et tremblant pour sa caisse à la pensée des troubles qui pouvaient naître, Rothschild essaya de conjurer le sinistre et donna des ordres pour qu'on fît, en son nom, sur les entrepôts d'Europe et d'Amérique, des achats de grains immenses. On revendait à la halle de Paris les blés et les farines au-dessous du cours, et les bénéfices de cette vaste opération devaient être convertis en bons de pain, qu'on distribuait aux familles nécessiteuses de chaque arrondissement.

Une boulangerie spéciale, établie à la Chapelle-Saint-Denis, fournissait les pauvres, à raison de quinze centimes de rabais par pain de quatre livres.

Mais les plans les plus généreux, les projets les plus philanthropiques avortent presque toujours, quand ils sortent du cerveau d'un homme discrédité dans l'opinion.

Le peuple ne voulut pas croire au bon cœur du juif [1].

---

[1] A la même époque, des membres du bureau de bienfaisance informèrent M. de Rothschild qu'un grand nombre de pauvres du douzième arrondissement n'avaient pas même de matelas et couchaient sur la terre nue. Le charitable baron se hâta de leur faire envoyer... une voiture de paille.

Il cria de toutes ses forces à l'accaparement, et les journaux imprimèrent contre Rothschild les plus violentes diatribes. Chaque jour, ils répétaient à la France :

« Prenez garde ! Son pain n'est pas du pain ; sa farine n'est pas de la farine. C'est du son, c'est du plâtre ; c'est du verre pilé, mêlé d'arsenic. »

D'autres assuraient que le baron faisait venir des farines avariées, qu'on lui livrait à très-bon compte, et dont il dissimulait la qualité mauvaise en les mélangeant d'amandes douces. Les prolétaires, ignorant que le prix des amandes est trois fois plus élevé que celui de la farine, répétaient cette bourde énorme avec la conviction la plus entière et l'indignation la plus vive.

Les amandes douces de M. de Rothschild sont pour beaucoup dans la révolution de Février.

Toujours prêt à souffler le feu, le *National* accusait le baron de noyer sa farine dans la sueur du peuple, ce qui, nous sommes obligés d'en convenir, devait donner un pain détestable.

En même temps surgissaient des bas-fonds de la littérature une multitude inouïe de libelles diffamatoires [1] qui

---

[1] *Les Juifs rois de l'Europe*, tel fut le titre de l'une de ces brochures, qui fut avidement lue, quoiqu'elle ne le méritât guère. Une autre, qui s'intitulait *Histoire de Rothschild Ier*, pamphlet sans style et sans esprit, souleva dans les salons de la rue Laffitte une indignation profonde. — Ce ne peut être qu'un

faisaient expier à Rothschild le tort de se montrer si tardivement sensible aux misères du pauvre.

Il y a là, certes, une permission du ciel.

Dieu ne souffre pas que l'égoïsme et la peur se couvrent impunément du manteau de la charité.

Tandis que l'esprit public remerciait ainsi M. de Rothschild de sa philanthropie plus ou moins sincère, le juif perdait en réalité une somme considérable.

juif qui a écrit ce livre, s'écria Salomon. Nous n'avons jamais eu de désagréments qu'avec ces gens-là. — Je donnerais volontiers mille francs pour en connaître l'auteur, dit Alphonse, le fils aîné du baron James. — Rien n'est plus facile, mon neveu. Faites-en faire l'annonce, et, si c'est un juif, je gage qu'il viendra chercher sa récompense lui-même

Ses ennemis nièrent intrépidement cette perte. On se livra même à des calculs profonds pour démontrer que le commerce des farines avait encore grossi le Pactole.

Quand le banquier vendit à la municipalité parisienne le terrain destiné à la construction de l'hôpital Louis-Philippe, le *Constitutionnel* donna sa parole d'honneur que le fils de Moïse avait emporté toute la terre végétale.

On racontait de lui des histoires qui eussent affligé grandement Harpagon, si elles avaient couru sur son compte.

Voici la plus authentique :

En 1843, Rothschild eut la fantaisie de se faire peindre par Horace Vernet, notre grand et populaire artiste.

Il va le trouver et lui demande son prix.

— Pour vous, monsieur le baron, ce sera quatre mille francs.

— Tiaple! tiaple!... Il s'achit te teux ou drois maufais goups te pinceau... Foilà qui me semple un peu ger.

— Ah! vous marchandez les arts, vous! dit le peintre, haussant les épaules. Eh bien! ce sera cinq mille francs, pas un sou de moins.

Et comme Rothschild poussait une exclamation de stupeur :

— Si vous ajoutez un mot, je triple la somme, dit Horace. C'est à prendre ou à laisser.

Monsieur le baron s'enfuit en donnant des signes d'effroi. Il se crut chez un démoniaque.

— Attends! attends! lui cria le peintre, je le ferai pour rien, ton portrait!

Horace a tenu parole.

Chacun peut voir, dans le tableau de *la Smala*, cette tête de juif épouvanté, qui fuit, en emportant une cassette, de l'or et des pierreries. La figure de ce juif, où luttent si bien la frayeur et l'avarice sordide, est absolument celle de M. de Rothschild.

Louis-Philippe eut souvent à se plaindre du banquier.

Celui-ci traitait le roi de sa prédilection comme le premier débiteur venu, sans lui montrer plus d'égards et plus de confiance. Il exigeait que les sommes prêtées fussent garanties, en première hypothèque, sur les biens de madame Adélaïde.

Tous ces détails étaient connus, toutes ces anecdotes couraient le monde.

M. le baron James finit par être en si mauvaise odeur auprès de la bourgeoisie parisienne, que Jacques Lefebvre, l'honorable régent de la banque de France, eut un échec électoral aux Petits-Pères, uniquement parce qu'on le savait l'ami du banquier.

La révolution de 1848 glaça de terreur la maison Rothschild.

Cachée d'abord sournoisement sous le voile de la réforme, la république se démasquait au grand jour, en face de tous.

M. de Rothschild apprit que l'émeute brûlait ses châteaux.

Devinant que la fuite serait le signal d'une confiscation irrévocable de ses nombreux domaines, il eut le courage de la situation. L'amour de l'or triompha de la peur, et l'on caressa l'ogre populaire afin d'obtenir qu'il ne mangeât pas tout.

En 1830, monsieur le baron n'avait donné qu'une somme de quinze mille francs.

C'était beaucoup déjà; personne ne le menaçait.

Mais, en 1848, il souscrivit pour cinquante mille francs en faveur des blessés et des ouvriers sans travail. De plus, son fils Alphonse, qui atteignait sa majorité, se hâta d'écrire au gouvernement provisoire, afin de revendiquer le titre de citoyen français...

Noble patriotisme, adhésion sincère, dont l'histoire lui tiendra compte.

On nous affirme qu'au moment où James, saisi de crainte, hésitait entre ses millions et le salut de sa personne, qu'il croyait menacée, Marc Caussidière se présenta rue Laffitte, et dit :

— Citoyen Rothschild, pas de faiblesse! Je réponds de toi.

Le banquier rêva toute la nuit de l'écharpe rouge de cet homme, des pistolets fixés à sa ceinture et du grand sabre de cavalerie qui traînait sur ses talons.

Toutefois, le lendemain, voyant que des mesures étaient prises pour mettre à l'abri d'une attaque, non-seulement son hôtel, mais encore les propriétés qu'il avait aux alentours de la capitale[1], il comprit que le préfet de police n'était pas venu lui donner une vaine parole.

Moins d'une année après, Marc Caussidière, arrivant à Londres, proscrit et sans ressource aucune, reçut de Paris la lettre suivante :

« Monsieur,
« Permettez-moi de mettre à votre disposition une somme de trente mille francs. Ce petit capital vous aidera à entreprendre quelque industrie sur la dure terre de l'exil. Vous me le rendrez dans dix ans, dans vingt ans, quand vous voudrez.

[1] Il en a deux magnifiques, Suresnes et Ferrières.

C'est un faible témoignage de reconnaissance pour les grands services que vous avez rendus au pays.

« Je suis parfaitement tout à vous.

« Rothschild. »

Comme on félicitait le baron de ce trait de gratitude, il le gâta par cette réponse :

— Le tiable n'est chamais faincu. Qui sait? Nous le ferrons beut-être refenir.

Toujours la générosité doublée de prévoyance; toujours l'égoïsme à côté de la bonté [1].

---

[1] C'est une chose aujourd'hui parfaitement reconnue que le gouvernement provisoire, en 1848, pouvait ruiner Rothschild. Peu de mois avant la chute de Louis-Philippe, le baron avait souscrit un emprunt énorme, dont le huitième seulement se trouvait versé. Goudchaux, ministre des finances, le délivra de son engagement et le dédommagea de la baisse énorme subie en Février. Les juifs ne se mangent pas.

Marc Caussidière, avec les trente mille francs de James Rothschild, a fondé à Londres un entrepôt de vins et d'eaux-de-vie. La chance favorise ce républicain honnête. Il est en train de faire une belle fortune, et, depuis longtemps, les dix mille écus du baron sont remboursés.

L'autocrate de la finance recevait très-souvent à Ferrières M. le président de la république.

Un jour, Louis-Napoléon y rencontra le général Changarnier. C'était après leur rupture. Rothschild leur avait ménagé ce rapprochement. Il se croyait appelé à jouer le rôle de conciliateur.

Après deux ou trois tours de promenade dans le parc, il rompit la glace et s'écria.

— Eh pien! foyons tonc un peu... Gu'est-ce gue c'est gue cette guerelle t'allemand!... Arranchons-nous, gorpleu! arranchons-nous!

Peu touché de cette fine et délicate entrée en matière, M. le président haussa les épaules et ne répondit pas.

Le baron, piqué au vif, se montra d'abord très-hostile au gouvernement du 2 décembre. On l'eût très-probablement envoyé à Mazas réfléchir au danger de mettre, en politique, son doigt entre l'arbre et l'écorce; mais sa qualité de consul général d'Autriche lui servit d'égide.

Aujourd'hui, M. de Rothschild est en parfaite entente avec le pouvoir.

Souvent on lui reprochait, non sans aigreur, de ne point s'occuper de ses coreligionnaires dans l'infortune.

— Au moins pourriez-vous, disait-on, leur consacrer le bénéfice d'une affaire de Bourse ?

Il trouva le conseil très-sage.

Une manœuvre de hausse, organisée un beau matin, et suivie d'un mouvement de baisse immédiat, produisit une somme de huit cent cinquante mille francs, qui fut aussitôt consacrée à construire, rue Picpus, la maison de refuge israélite, trop à l'étroit dans la rue des Trois-Frères.

L'État voulut entrer dans cette opération pour la valeur du terrain.

M. de Rothschild, au lieu de puiser dans ses coffres, emploie toutes sortes de moyens remplis d'originalité pour procurer des fonds aux personnes qui lui en demandent.

Voici un fait que nous empruntons aux journaux.

Félix S***, industriel d'un grand mérite, obtient une audience du baron James, et lui soumet le plan d'une vaste entreprise. Ses explications une fois données, on les approuve. L'idée semble neuve, ingénieuse ; elle a toutes les chances possibles de succès. Mais on refuse avec obstination les cent mille francs indispensables pour monter l'affaire.

L'emprunteur éconduit se désole.

— Patience! dit Rothschild; suivez-moi, et tout-à-l'heure vous aurez l'argent sans qu'il m'en coûte rien.

Cela dit, il fait monter notre industriel dans sa voiture, le conduit à la Bourse et se promène avec lui, bras dessus bras dessous, dans les coulisses.

A peine se furent-ils séparés que vingt capitalistes abordent l'homme honoré de l'intimité du roi de la finance, et s'empressent de mettre à ses ordres leur crédit et leur caisse.

Les mêmes journaux affirment que le baron James avait prédit le succès du nouveau système d'emprunt. Il l'aurait même conseillé jadis aux provisoires, en les entendant se plaindre de la retraite du numéraire.

—Eh! morbleu! se serait-il écrié, vous êtes des ânes! La France est le pays le plus riche du monde!

M. de Rothschild avait raison.

De ce côté, le flair ne lui manque pas. Il sent l'or à distance, comme le chien d'arrêt sent la perdrix.

Nous croyons avoir suffisamment fait connaître le caractère et la vie de ce digne personnage. Il nous reste à publier quelques détails intimes, sans lesquels cette notice biographique serait incomplète.

Pendant fort longtemps, il n'y eut à l'hôtel de la rue Laffitte d'autres tableaux que ceux qui ornaient l'oratoire, et, chose bizarre, c'étaient les portraits de Luther et de Calvin.

Moïse dut être médiocrement flatté d'un pareil choix.

Si la demeure de Rothschild est pauvre en chefs-d'œuvre de peinture, elle possède, en revanche, une curiosité véritable, et l'on y montre l'épée de Henri IV, la même que le Béarnais portait à Arques et à Ivry. M. le baron l'a achetée seize cents francs à la vente de la collection Monville.

Pauvre et fière épée! pouvais-tu t'attendre à cela?

Le banquier donne des fêtes splendides aux capitalistes et aux agents de change, dont le concours lui est nécessaire pour diriger ses manœuvres de bourse.

La hausse ou la baisse du lendemain payent les violons.

Il fait courir, comme un éleveur émérite ou comme le premier membre venu du Jockey's-club, et il lui arrive très-souvent de gagner les prix, — car il faut toujours que M. de Rothschild gagne quelque chose.

On a des chasses superbes à Ferrières.

Pour être sûr de n'être point volé, le maître a pris à son service les plus fins braconniers de Seine-et-Marne.

Vous êtes une des notabilités de la banque, une des illustrations de la politique; on vous invite à une partie de chasse sur les terres de M. le baron. Fort bien! Mais ne vous attendez pas à remporter le lièvre ou le perdreau tombé sous vos coups. Des arrangements particuliers s'y opposent. Le gibier tué par M. de Rothschild et par ses hôtes appartient au régisseur, qui, en vertu d'un traité parfaitement en règle, ne doit pas le vendre à d'autres qu'à Chevet.

Un jour, à l'une de ces chasses, M. Dupin aîné se signala par un superbe coup d'adresse. Il prit, en rentrant dans le parc, la levrette favorite de madame de Rothschild pour un daim, et lui envoya deux chevrotines dans les flancs.

Honteux de son erreur, il n'osa plus reparaître au château.

Les domestiques le retrouvèrent au

pied d'un arbre, s'efforçant de rappeler à la vie la malheureuse bête, au moyen d'un bandage artistement fabriqué avec sa cravate.

M. Dupin était si confus qu'il repartit sans vouloir dîner.

Le baron James de Rothschild qui, au physique, est loin d'être un Adonis[1], manifestait, il y a quelque vingt ans, de grandes prétentions au titre d'homme à bonnes fortunes. Cette vanité singulière lui a valu plus d'un mécompte.

Il reçut, un matin, d'une noble duchesse, qu'il avait plusieurs fois rencontrée dans le monde, un joli billet, tout

---

[1] Quelqu'un l'appelait métaphoriquement le veau d'or. — On ne vous comprendra pas, répondit le journaliste Saphir. Choisissez comme terme de comparaison un animal moins gros et plus laid.

parfumé d'ambre. On lui demandait une entrevue, un rendez-vous. Le moyen de ne pas croire à son mérite, quand on se nomme Rothschild !

Décidé à conduire l'aventure à bonne fin, notre héros s'arme de toutes ses grâces, et, comme Malborough, il s'en va-t-en guerre.

Pauvre baron !

Aussi pourquoi n'avait-il pas lu les mémoires de la princesse Palatine, mère du régent ? Certaine anecdote, racontée là, n'eût pas manqué de le mettre sur ses gardes.

Une marquise, ayant en vain sollicité de Law une audience particulière, donne l'ordre à son cocher de verser le plus adroitement possible devant l'hôtel du contrôleur général de la Banque.

Elle tombe sans se faire aucun mal, ferme les yeux et ne manque pas de s'évanouir.

On la transporte dans le sanctuaire de Plutus, et Law se hâte d'accourir, tenant à la main un flacon des Quatre-Voleurs.

— Ce ne sont pas des sels qu'il me faut, murmure alors la belle marquise; ce sont des actions.

Rothschild fut pris au même guêpier.

Tendre sourire, accueil engageant, paroles mielleuses, on employa tout pour lui tourner la tête. Puis on ouvrit une parenthèse habile, afin de lui demander cinquante actions au pair. Il s'exécuta joyeusement; mais aussitôt le mari survint, et l'entrevue n'eut pas d'autre suite. M. le baron s'en alla, très-mortifié de voir qu'on préférait sa bourse à son cœur.

S'il manque d'esprit en toute circonstance, James de Rothschild est ordinairement accompagné de gens qui en ont pour lui.

On connaît le mot heureux de Henri Heine à l'archevêque de Malines.

Le prélat et le financier dînaient ensemble chez un ministre. Au moment de passer dans la salle à manger, l'archevêque dit à Rothschild :

— Passez le premier, monsieur le baron.

Rothschild passa.

— Monseigneur, dit le poëte, on pourrait croire qu'il y a ici inconvenance ou défaut de politesse. Point du tout! L'Ancien Testament passe de droit avant le Nouveau.

Par son absence complète de savoir-vivre, le banquier juif a soulevé plus de colères, que le bruit retentissant de ses millions n'a fait gronder d'échos jaloux.

Certes, il est peu récréatif de recevoir journellement deux ou trois cents lettres, venues des quatre points cardinaux, et de subir une correspondance qui parcourt la gamme de la demande tout entière, depuis le style hardi et menaçant qui mène à la police correctionnelle, jusqu'à l'humble style de la supplication qui ne mène à rien. Mais on doit subir les petits ennuis attachés à une haute fortune. Quand il faudrait payer deux ou trois secrétaires pour répondre un mot d'encouragement à défaut d'aumône, cela nous semblerait plus digne que de se renfermer dans un outrageant silence. Voilà ce que M. le baron n'a jamais compris, non plus que madame la baronne.

Savinien Lapointe, cet ouvrier qui fait des souliers comme un poëte et des vers comme un cordonnier, avait imploré l'assistance de madame de Rothschild pour une famille malheureuse, et madame de Rothschild ne daigna pas répondre à l'épître de Savinien Lapointe.

Genus irritabile vatum!

Notre socialiste furieux écrivit dans le journal l'*Atelier* ces lignes terribles :

« Le riche qui connaît la misère, sans la secourir, doit être marqué d'un fer rouge. »

Un bas-bleu, dont la requête n'avait pas eu meilleur accueil, se mit à raconter partout qu'au bois de Boulogne, en voiture, madame de Rothschild avait écrasé un vieillard, et qu'elle l'avait laissé sur la poussière, après lui avoir jeté sa bourse pleine d'or, sans daigner aire halte ni l'emporter pour lui prodiguer des soins, *dans la crainte que le sang ne tachât les coussins de la calèche.* En ce monde, il n'y a que l'orgueil offensé d'un bas-bleu qui puisse propager une aussi abominable histoire.

Quant à M. le baron, nous allions oublier un trait caractéristique de sa nature.

Il professe pour l'espèce humaine un mépris indicible et refond à sa manière la pensée de Bossuet, en disant :

« L'homme s'agite, et l'or le mène. »

Son âme ne s'est point trouvée assez grande pour garder de la bienveillance aux hommes, en dépit de leurs vices et de leurs misères. Il les rapetisse comme à plaisir, et les juge plus vicieux encore et plus misérables. Du sommet de sa prodigieuse opulence, il a si bien vu toutes les gangrènes et sondé toutes les plaies de notre pauvre humanité, qu'il sourit de dédain au seul mot de vertu.

Le cocher d'un remise, qu'il avait

pris pour une expédition mystérieuse, lui rapporte son portefeuille débordant de valeurs. M. le baron l'avait oublié dans la voiture de louage.

— Donnez cinq cents francs à cet imbécile! telle fut la réponse de l'homme Pactole, en présence d'un acte de probité voisin de l'héroïsme.

Il se plaît surtout à humilier les gens de talent.

Un matin, chez son frère, apercevant un peintre en train de terminer le plafond d'une salle à manger somptueuse, il tousse, crache, et s'écrie, le chapeau sur la tête et la canne haute :

— Holà! monsieur l'ouvrier décoré, descendez un peu, que je vous parle!

Cet ouvrier décoré n'était rien autre

que Jadin, l'éminent artiste. Il achevait alors ces ravissantes fresques de l'hôtel de Salomon, devant lesquelles tombent en extase tous les amateurs.

Jadin se contenta de hausser les épaules.

Mais à quelque temps de là, M. Crémieux, doué de beaucoup moins de patience, châtia d'une manière assez vive et avec un à-propos charmant l'impertinence du financier.

Crémieux n'avait jamais vu son illustre coreligionnaire.

Il le rencontre, un jour, à la synagogue, et comme il avait à lui parler au sujet d'un point litigieux, concernant la communauté israélite, il se hâte de mettre à profit l'occasion, se présente lui-même et entre en matière. M. de Rothschild l'interrompt tout-à-coup.

— Vous êtes bien M. Crémieux? dit-il en le toisant de haut en bas.

— Oui, monsieur le baron. Je crois avoir eu déjà l'honneur de vous décliner mon nom.

— Sans doute; mais il me semble que M. Crémieux l'avocat doit être plus grand.

A cette phrase aussi absurde qu'insolente, son interlocuteur se mordit les lèvres. Néanmoins il continua ce qu'il avait à dire. Le baron répondit alors assez longuement.

— Mais êtes-vous bien M. de Rothschild? fit alors Crémieux, lui coupant la parole.

— En douteriez-vous, par hasard?

— Oui, certes; M. de Rothschild le financier doit être plus petit.

Cette anecdote terminera l'histoire de l'homme étrange que nous avons vu, depuis quarante ans, au grand scandale de l'intelligence, de l'esprit et du bon goût, peser sur notre siècle par la seule force du million.

M. le baron James de Rothschild a soixante-trois ans.

Nous ignorons la date précise de sa naissance, et le lecteur comprendra que nous n'ayons pu nous procurer son acte de baptême.

FIN.

NOTE SUR L'AUTOGRAPHE.

M. de Rothschild a des secrétaires, et se borne à signer, comme les rois, comme les ministres, ou comme ceux qui, ne connaissant pas une langue, ont la prudence de ne pas s'aventurer dans les périls de la rédaction. Il a donc été impossible à notre éditeur de se procurer un autographe complet.

Monsieur le Directeur de l'Administration des Douanes

J'ai pris la liberté de vous renvoyer en dernier particulier aux Mrs. [...] d'Amsterdam Louis, qui ayant l'honneur de vous nommer états de Maison, B [...] qui m'ont chargé de votre protection pour aplanir quelques difficultés qu'ils éprouvent en ce moment aux Douanes, à leur entrée en France.

J'agrée, Monsieur, je viens de m'adresser l'assurance de mon considération la plus distinguée.

B.on de Rothschild

Paris 20 xbre 1836.

Imp. Lith. V. Janson, rue Dauphine, 18, Paris.

www.ingramcontent.com/pod-product-compliance
Lightning Source LLC
LaVergne TN
LVHW052103090426
835512LV00035B/963